OBERLIN,

CIVILISATEUR DU BAN-DE-LA-ROCHE.

OBERLIN,
CIVILISATEUR DU BAN-DE-LA-ROCHE.

DISCOURS

PRONONCÉ

PAR M. LOUIS SPACH,

A LA SÉANCE PUBLIQUE

DE LA

SOCIÉTÉ DES SCIENCES, AGRICULTURE ET ARTS

DU

DÉPARTEMENT DU BAS-RHIN,

LE 30 DÉCEMBRE 1849.

Messieurs,

L'an dernier, à pareille époque, vous avez accueilli avec quelque indulgence un travail que j'ai eu l'honneur de vous soumettre sur l'administration de M. de Lézay-Marnésia. Je vais aujourd'hui vous entretenir de l'un de ses amis, qui a exercé, comme lui, une influence marquée sur l'agriculture de notre pays ; mais tandis que le préfet pouvait agir sur un département entier, et sur une population d'un demi-million d'âmes, l'homme modeste

1*

et longtemps obscur, auquel je fais allusion, était confiné dans une vallée solitaire des Vosges, et le rayon de son action ne s'étendait d'abord que sur quelques centaines de familles. Cependant, par un contraste bizarre de ces deux destinées, un instant parallèles, le nom du préfet, le nom de l'administrateur éminent n'est guère répété aujourd'hui que par la bouche de ses anciens administrés ; celui d'Oberlin au contraire, a franchi depuis longtemps l'horizon étroit de sa patrie, et a conquis une renommée européenne.

Vous comprendrez tout à l'heure qu'il a dû en être ainsi, pourvu que je parvienne à ébaucher le portrait du civilisateur du Ban-de-la-Roche, de manière à faire ressortir les contours saillants de cette physionomie originale.

Je viens de nommer la scène où s'est révélée l'influence de ce serviteur de Dieu. Avant de vous introduire dans son humble presbytère, et de vous montrer ce pasteur, la pioche à la main sur le bord des torrents qui traversent les montagnes défrichées par l'action incessante de sa volonté, permettez-moi de tracer, en quelques lignes, la description même de ce pays. Il est indispensable de jeter un coup-d'œil sur la configuration du sol, et sur l'aspect qu'il offrait avant la venue d'Oberlin, pour estimer à leur juste valeur les résultats conquis par la mâle énergie, et par la piété active de cet homme de bien, dont la nature, quelque simple qu'elle parût, réunissait dans une heureuse harmonie les qualités, qui d'habitude s'excluent : le don de l'initiative et la persévérance de la mise en œuvre.

Vous connaissez presque tous le beau vallon de la Bruche, dominé à son entrée en plaine par le château féodal
de Guirbaden, et par la colline du Heiligenberg, où le
vigneron en remuant le sol, découvre des poteries romai-
nes. Portez vos yeux à l'ouest, vous verrez dans le loin-
tain, et à une hauteur mystérieuse, les deux pointes du
Donon aux souvenirs celtiques. C'est presqu'au pied de
cette montagne que je prétends vous conduire ; suivez les
sinuosités pittoresques de la vallée, remontez les gracieux
méandres du large torrent, qui lui donne son nom, vous
arrivez à Rothau ; c'est une commune, qui faisait partie
de l'ancienne seigneurie du Ban-de-la-Roche, mais qui
reste encore en dehors de l'étroite enceinte que nous al-
lons aborder. Jusqu'ici la déclivité du sol n'a pas été
très sensible ; Rothau n'est guère qu'à une centaine de
mètres au-dessus de Strasbourg ; mais déjà vous êtes sur
l'extrême limite de la culture riante, et l'âpreté des régions élevées s'annonce par plus d'un signe précurseur.

De Rothau à Fouday, sur une distance de peu de ki-
lomètres, la physionomie du val de Bruche a changé complètement ; ce n'est plus une large surface de prairies en-
trecoupée de villages et de vergers, bordée de montagnes
aux formes gracieuses ; le vallon s'est retréci ; le chemin
monte le long de rocs incultes, par des rampes plus ou
moins raides, et bientôt vous touchez à une vallée laté-
rale, formée par un torrent tributaire de la Bruche, et
montant par des pentes abruptes vers le plateau infertile
du Champ du feu.

Ce vallon latéral, c'est le vrai Ban-de-la-Roche ; il

mérite son nom ; partout le granit perce une mince couche de terre végétale, et l'on sent qu'un labeur infatigable a seul conquis à la culture les prairies et les champs, qui s'étendent dans les ravins ou qui escaladent les hauteurs.

Pendant six à sept mois de l'année la neige recouvre de son uniforme linceuil ce pauvre pays ; souvent pendant des semaines entières une brume glacée jette un second voile de deuil sur les échancrures du vallon. Néanmoins sous cette apparente uniformité et sur cet étroit terrain, l'observateur peut, le thermomètre à la main, constater des gradations brusques d'un point à un autre. A mesure que l'on remonte de Fouday, située à l'issue du vallon latéral, vers les quatre autres communes du Ban-de-la-Roche, surtout vers Belmont, et de là vers les hauteurs du Champ du feu, on passe du climat des villes suisses à celui de la Pologne ou de la Suède. Lorsque le vent d'est vient à passer sur les plateaux élevés à 1200 mètres au-dessus du niveau de la mer, et qu'imprégné d'atomes neigeux il se précipite sur les villages du Ban-de-la-Roche, rien ne résiste à sa furie ; les poumons les plus robustes se crispent à son approche, comme s'il avait traversé les steppes de la Russie, et les expressions pittoresques du patois local stigmatisent son action malfaisante.

A sept mois de souffrance, succèdent, après une fonte de neiges souvent accompagnée de désastres, quatre ou cinq mois de température variable ; quelquefois de fortes chaleurs, qui s'engouffrent accablantes dans ces rocs décharnés ; d'autrefois des pluies torrentielles ; et au milieu

de ce climat excessif, quelques beaux jours clair-semés,
lorsque l'odeur du foin aromatique parfume ces solitudes,
et que les ruisseaux, purs de tout alliage de neige, de
glace ou de pluie, unissent leur murmure au chant des
oiseaux. Pendant ces quelques mois fugitifs, comme dans
le nord de l'Europe, il faut semer et récolter à la hâte,
avant qu'un hiver précoce ne vienne détruire de maigres
moissons. Ce pays si agreste, si pauvre, si bien caché
au fond de montagnes, que l'on dirait impénétrables à la
marche d'une armée, aurait dû échapper au moins aux
ravages de la guerre ; il n'en a rien été ; la lutte religieuse
du 17e siècle n'épargna point le val de la Roche ; population, champs et bestiaux disparurent comme dans la
presque totalité de la riche vallée du Rhin ; le château de
la Roche, démantelé, ne dominait plus que des décom-
bres et des ruines ; et lorsqu'au sortir de ces temps mau-
dits, après soixante ans de calme, les cinq hameaux de
Waldersbach, Belmont, Bellefosse, Fouday et Solbach
eurent repris un peu de vie, l'hiver de 1709 vint arrêter
cette sève renaissante ; la famine replongea dans une mi-
sère sans issue cette population encore débile. A la mi-
sère s'était jointe l'ignorance, sa compagne fidèle ; dans
les huttes de ces pauvres montagnards, le porc habitait
comme en Irlande côte à côte de son maître, dont il était
la seule ressource. La pomme de terre, récemment im-
portée, avait vite dégénéré dans ces champs perdus au
milieu des rocs, sans protection contre les cours d'eau
destructeurs, sans engrais, sans les soins d'une intelli-
gente culture ; et les habitants affamés, peu délicats sur

le choix de leurs mets, allaient cueillir des herbages dans les ravins, ou des pommes et des poires sauvages sur des arbres non greffés. Je ne trace point un tableau de fantaisie; j'en adoucis les sombres couleurs.

Le Ban-de-la-Roche avait, dans la seconde moitié du 16e siècle, embrassé la réforme; un seul pasteur, avec la résidence de Waldersbach, desservait Belmont, Bellefosse, Fouday et Solbach; un second pasteur demeurait à Rothau. Ces positions, vous le pensez bien, n'étaient guère ambitionnées; les candidats les moins aptes y allaient, et encore à contre-cœur; ils avaient hâte de sortir de cette Sibérie, dès que l'occasion s'en présentait; enfin au milieu du dernier siècle, un homme de cœur, pensant qu'il y avait là quelque bien à faire, vint s'installer à Waldersbach; c'était le pasteur Stuber, qui le premier tenta d'améliorer l'état moral, intellectuel et physique de ses pauvres paroissiens; il devint en effet le digne précurseur d'Oberlin; il introduisit le premier un peu d'ordre dans les écoles, ou plutôt il les fonda, car en arrivant il trouva un porcher, vieux et infirme, faisant les fonctions d'instituteur. Stuber gagna la confiance de ses ouailles par un dévouement, auquel ses prédécesseurs n'avaient point habitué ces malheureuses familles; et il parvint à leur inspirer l'envie d'améliorer leur sort, en arrachant à la terre un peu plus de nourriture, mais il usait ses forces à ce travail de Sisyphe; il enterra à Waldersbach sa jeune femme, tuée par les privations et par ce climat mortel aux frêles créatures; enfin en 1767, il accepta une vocation à Strasbourg, mais avant de quitter son troupeau du Ban-de-la-Roche, il voulait lui-même choisir son remplaçant.

En ce temps vivait à Strasbourg un jeune candidat, qui se distinguait au milieu de ses camarades par une vie d'une extrême austérité. Il couchait sur la dure comme les anachorètes, et réduisait l'usage de ses aliments au plus strict nécessaire : il domptait son corps, pour rester maître de lui-même. Dans son enfance, et même pendant sa première jeunesse, Jean-Frédéric Oberlin avait éprouvé une vocation impérieuse pour le métier des armes, non pour y chercher une vie de licence, mais en raison des dangers dont la vie militaire est semée, en raison des privations qu'elle impose. Au milieu du 18e siècle, Oberlin, fils d'un pauvre professeur de province, ne pouvait guère, en se faisant soldat, aspirer aux épaulettes d'officier ; mais son âme, fortement trempée, et cependant humble comme celle d'un enfant, y trouvait à la fois l'occasion d'obéir et d'affronter la mort.

A mesure que son intelligence acquit de la maturité, il put entrevoir un champ de travail plus conforme à sa véritable vocation dans l'apostolat évangélique. Le sort des missionnaires souriait à son imagination, et promettait une large récompense à son âme aimante et expansive ; il avait découvert le point d'Archimède, le point en dehors de ce monde, un lévier qui le soulève et le remue : *la croyance dans les choses invisibles.* C'était une nature admirablement composée que la sienne, à la fois militante et contemplative, cherchant en même temps une activité réelle, et s'élevant, pour se reposer, dans les régions éthérées ; la prière lui prêtait ses ailes ; non point une prière vague, non point une aspiration, telle que tout homme bien né en éprouve dans ses bons moments ; mais la prière adressée au Dieu personnel, à Jéhovah et au verbe incarné. Sans le vouloir, sans le savoir, il agissait sur les âmes moins fortes ; on s'adressait à lui pour obtenir des prières efficaces ; chêne fort et inébranlable, il prêtait soutien au lierre qui se nouait autour de son tronc pour arriver vers le ciel.

C'est chez ce jeune homme, établi dans une mansarde nue, que se présenta le pasteur Stuber, et lui exposa ce qu'il attendait de lui.

Je ne saurais obtempérer à vos désirs, lui répondit Oberlin ; Dieu m'appelle autre part ; je viens d'être nommé aumônier du régiment de Royal-Alsace ; j'ai dirigé mes études récentes vers la polémique ; j'ai lu Voltaire et Diderot, pour lutter avec les jeunes officiers, élevés à leur école ; j'ai fait de la chirurgie et de la médecine, pour soigner en cas de besoin les blessés et les malades ; enfin, j'aime la vie rude du soldat.

Stuber insiste, il lui montre le **Ban-de-la-Roche** comme une arène plus difficile que celle des camps ; il lui dit que l'ignorance est plus tenace que l'incrédulité ; il lui parle des longues soirées d'hiver, où les malades et les mourants réclameront son assistance matérielle et spirituelle dans les censes écartées ; il lui retrace la vie de labeur, qui l'attend à chaque heure du jour et de la nuit ; la lutte avec l'orgueil et la vanité des uns, l'opiniâtreté et la méchanceté des autres ; il le presse, le tourmente, le supplie de ne point laisser inachevée une œuvre de civilisation à peine ébauchée ; il fait briller à ses yeux non point la gloire du guerrier, ni l'auréole du martyre, mais les douces et vivifiantes joies d'une paternité immatérielle, d'une tutelle exercée sur une centaine de familles éparses dans la solitude — et Oberlin ébranlé par l'idée d'une humble mission, d'un apostolat caché aux yeux du monde, tel que le chrétien doit l'ambitionner, Oberlin finit par dire : vous aurez demain ma réponse.

Cette réponse vous l'avez déjà devinée ; le soldat du Christ avait demandé les ordres de son maître ; la prière l'avait éclairé ; il partit pour Waldersbach.

La transformation qu'il y fit subir à la terre et aux habitants, n'a point été l'œuvre de peu d'années ; il ne put, comme Moïse, frapper le roc pour en faire jaillir la source vive ; son action fut lente, mais irrésistible à force de ténacité ; il vit s'élever et grandir deux générations, pendant son ministère de soixante années ; et ce n'est que pendant la seconde moitié de sa longue carrière qu'il put recueillir les fruits visibles de son labeur. Les faits que je vous présenterai condensés en quelques pages sont le résumé de cette vie de charité ; chacun des jours d'Oberlin a été marqué par une œuvre minime sans doute dans la vie générale d'un pays, mais grande en raison des efforts qu'elle réclamait, mais immense parce qu'elle était conçue par une seule tête et exécutée par une seule volonté. Les actions d'éclat, accomplies dans un moment de crise, éblouissent ; la vertu journalière est monotone ; je craindrais d'offenser la mémoire d'Oberlin, si je devais vous condamner à son occasion à un seul moment d'ennui. Je ne dois vous donner que des têtes de chapitres; vous remplirez facilement les lacunes.

Oberlin, en venant s'établir dans son presbytère délabré, dut se dire : j'ai trois choses à faire dans cette vallée : remuer le sol, toucher les cœurs et éclairer les esprits ; je dois transformer le pays par l'agriculture, par la prédication et par l'enseignement.

Voici comment il s'y prit pour transformer le sol. Vous connaissez déjà sa configuration et sa stérilité. La vaine pâture ajoutait aux inconvénients de la situation locale. Longtemps avant que la loi n'intervînt, Oberlin décida ses paroissiens à renoncer à cet usage, et à transformer sous sa direction la terre aride ou perdue, en prés naturels ou artificiels. Les sources, qui à l'époque des fortes pluies ou de la fonte des neiges, ravageaient les pentes, furent condensées en rigoles régulières, et fournirent en temps opportun une nourriture appropriée à ces terrains péniblement nivelés, dont il avait fallu enlever et les quartiers de roc et les pierres disséminées. Mais peu à peu des nappes de verdure recouvrirent le sol autrefois livré à une végétation parasite, au parcours, au bois rabougri, aux rochers, ou à l'action dévastatrice des petits torrents des montagnes. Le trèfle prit pied, grâce à des essais répétés ; mais l'humus végétal trop mince se refusa aux racines pivotantes du sainfoin ; il fallut renoncer à cette culture. Des pommes de terre, régénérées par des semis que le pasteur avait fait venir à ses frais de Hollande et de Suisse, s'acclimatèrent à merveille dans le sable granitique de toute la vallée. Oberlin enseigna à ses paroissiens l'art de ménager les moindres pouces de terrain, propres à cette culture, et à décupler les produits par l'emploi judicieux de l'engrais déposé au fond de chaque fossette. Les tiges et les feuilles desséchées sur place pendant l'hiver, étaient brulées au printemps pour engraisser la terre à l'aide des cendres. A une année de culture de pommes de terre, succédait une année de lin; car Oberlin parvint à doter son vallon chéri de cette plante, qu'il fit venir de Livonie; il avait deviné que l'analogie du climat du Ban-de-la-Roche avec celui des bords de la Baltique, devait amener quelque parenté entre les produits des deux pays.

Un essai qui ne réussit pas complètement, fut celui des arbres fruitiers, tels que les cerisiers, les noyers, les pommiers ou les poiriers délicats. Dès les premières années de son séjour à Waldersbach, Oberlin avait établi avec des soins minutieux une pépinière dans les champs qui avoisinaient sa demeure; comme Lézay-Marnésia il aimait l'ombrage des arbres utiles; il imposait à chacun de ses jeunes paroissiens l'obligation de planter deux arbres fruitiers le jour de sa première communion. L'inclémence des hivers ne permit point de donner aux vergers un grand développement; il fallut se contenter de cultiver en abondance la pomme de terre substantielle; bientôt ce produit du Ban-de-la-Roche obtint sur les marchés de Strasbourg un succès mérité, et acquit une prépondérance marquée sur les pommes de terre de la plaine.

Le système des engrais occupait, vous le pensez bien, une large part dans les améliorations agricoles, introduites par Oberlin ; ici , comme en toute chose , il avait joint l'exemple au précepte , en creusant auprès de ses étables , des fosses pour servir de réservoirs ou de citernes , et en prouvant par l'application à sa petite économie rurale , quel profit le cultivateur pouvait tirer des bestiaux consignés à demeure.

Ses paroissiens manquaient d'ustensiles aratoires ; il en établit un magasin ; il en délivrait à crédit jusqu'à ce que le preneur fût mis en état de s'acquitter par la rentrée de la récolte ou la vente de ses bestiaux. Il avait fondé dans le même but , et pour détruire l'usure , une petite caisse d'emprunt , qui servait dans les moments de gêne à secourir les habitants les plus nécessiteux , mais toujours à charge par eux de s'acquitter en temps opportun ; car il ne voulait point d'une générosité qui encourage la fainéantise , l'impéritie ou la mauvaise foi. Il assistait le travail , sans donner à fonds perdu au vice.

Avec la pratique il sut combiner la théorie. Il fonda — vous allez peut-être sourire — une société d'agriculture , dont les membres durent payer une cotisation , ni plus ni moins que s'ils eussent disposé d'une fortune indépendante. Dans ces réunions , auxquelles plusieurs de ses amis de Strasbourg vinrent s'associer par une mise et par l'envoi de livres ou de journaux , les procédés de culture étaient discutés , et des prix modestes décernés aux meilleurs éleveurs ou aux petits cultivateurs intelligents. Oberlin ne dédaignait point de stimuler l'ambition de ses élèves ; mais en dirigeant vers un but honnête et utile ce désir d'être et de paraître , qui dévore les intelligences actives.

Dans ses procédés d'éducation agronomique et morale, le pasteur de Waldersbach m'a souvent rappelé les Pères du Paraguay ; comme eux il exerçait une influence magique sur les âmes que Dieu lui avait confiées ; comme eux, il imprimait à la volonté de ses ouailles une impulsion irrésistible. Il obtenait d'eux des corvées, telles que jamais ni seigneur de village, ni intendant de province n'en aurait proposées. Ainsi, pour donner un écoulement aux produits indigènes, et pour faciliter l'arrivage des approvisionnements qui manquaient à ces hameaux, il fallut créer des chemins de communication à travers les terrains les plus accidentés et les plus rocailleux. Le pasteur Oberlin accomplit ce prodige sans secours gouvernemental ; il se fit à la fois ingénieur et pionnier, il traça la route vicinale, qui devait relier son vallon à la vallée de la Bruche, et se mit seul à l'œuvre avec son valet de labour. Alors ses paroissiens électrisés par son exemple et son abnégation, vinrent lui offrir leur assistance ; bientôt il put, à la tête de deux cents travailleurs bénévoles, frayer, niveler, terminer ce chemin ; il put faire sauter des rocs, construire des murs de soutènement, jeter un pont sur la Bruche, et au bout de deux ans de labeur, voir les chariots rouler sur une chaussée unie, à pentes douces, dans les mêmes localités où des sentiers raides conduisaient naguère de hameau à hameau, et où pendant six mois de l'année la neige effaçait toute trace du passage des hommes.

Ce modeste chemin vicinal, construit par un obscur ecclésiastique, sans secours officiel, au seul appel d'une voix où l'éloquence du cœur se mêlait aux mâles accents d'un commandement désintéressé ; cette petite route creusée dans le roc, par une main qui le jour du seigneur s'ouvrait pour bénir les travailleurs ; cette arche de pont jetée sur un torrent par un architecte improvisé, ces œuvres ne vous semblent-elles pas dans leur cadre retréci aussi méritoires que les perforations hardies que nous voyons exécuter sous nos yeux par des hommes de l'art, soutenues par des milliers de bras et par les millions de l'État ?

Mais, vous allez demander sans doute : comment cet homme isolé parvenait-il à opérer ces prodiges ? car enfin si sa parole mettait en mouvement les quelques centaines de ses paroissiens, où prenait-il les fonds pour ses essais d'agriculture, pour ses machines, ses caisses d'emprunt, pour les dépenses inévitables que devait entraîner la maçonnerie d'un pont, ou le soutènement d'une route au cœur des montagnes ?

Eh bien, il trouvait des fonds, comme les serviteurs de Dieu, à quelque culte qu'ils appartiennent, en ont toujours trouvé, lorsque les besoins réels de leur communauté étaient en jeu. Oberlin frappait à la porte de ses amis, et les portes s'ouvraient avec les cœurs ; il courait à cheval, bride abattue, de nuit à Strasbourg, lorsqu'il n'avait point d'argent ; il électrisait les citadins comme il entraînait ses ouailles ; il quêtait, et les mains les plus dures laissaient tomber leur offrande dans les siennes ; l'esprit de Dieu lui conférait le don des bonnes paroles, qui échauffent les cœurs tièdes ; et entre ses mains, cet argent fructifiait, car il le dépensait avec intelligence de même que dans sa maison il alliait à l'économie la plus sévère une hospitalité patriarcale.

Oberlin avait donc changé l'aspect matériel de ses paroisses; à la vaine pâture, aux jachères, à quelques maigres sillons de seigle et d'avoine il avait substitué des tapis de verdure, où la tige du lin se balançait à côté du champ de trèfle ou des solanées; en place de la hutte enfumée, ensevelie dans des fentes ou crevasses de terrain, il avait élevé la cabane ou la maison rustique; aux expositions humides avaient succédé des emplacements salubres; sous ces demeures modestes, dont la propreté touchait presqu'à l'élégance, il avait fait creuser des caves, où dans les hivers les plus froids les provisions se trouvaient à l'abri; autour de ces maisonnettes, quelques pouces de terrain restaient consacrés à la culture des fleurs, et ce qui vaut mieux encore, de ces cabanes sortaient, à la place des sauvages d'autrefois, des femmes à la mise décente, des hommes au maintien satisfait, et des enfants qui tendaient à l'étranger leurs petites mains, non pour mendier, mais pour demander une caresse amicale.

Messieurs, je ne fais point une idylle. A la fin du dernier siècle, sous l'Empire, et encore pendant les premières années de la restauration, le Ban-de-la-Roche avait la physionomie que j'essaye de reproduire. Et ici, je vais encore au-devant d'une question; l'agriculture, quelque moralisante qu'ait été son action, aurait-elle suffi à produire cette métamorphose?... évidemment non...

2

Oberlin était avant tout un admirable instructeur ou pédagogue ; il a fondé les salles d'asyles et les écoles primaires de ses paroisses... des salles d'asyle soixante ans
avant que ce nom n'ait été prononcé, quatre-vingt ans
avant que la loi n'ait prescrit cette institution dans nos
communes !

Vous me permettrez de donner quelques détails sur
cette partie de son activité.

Il commença, toujours avec des ressources improvisées,
par construire des maisons d'école spacieuses à la place
des réduits, où l'on entassait les enfants avant son arrivée ; puis il composa ou fit composer des livres élémentaires ; il forma des maîtres et des directrices. Dans cette
dernière tâche il fut secondé par une simple paysanne,
dont le nom a été proclamé et couronné dans l'une des
séances annuelles de l'institut, par Louise Scheppeler,
qui, à l'exemple de son pasteur, dévoua son existence à
ces modestes créations.

Le but d'Oberlin était bien nettement formulé dans
son esprit ; il voulait que les enfants de ses paroissiens
reçussent une éducation à la fois agricole et religieuse ;
dès leur âge le plus tendre, il voulait les familiariser avec
leur état futur, leur faire aimer cette existence cachée au
sein des montagnes, et leur apprendre à bénir le créateur
dans ses œuvres. Aussi les élèves les plus jeunes, réunis
sous la tutelle des directrices passaient les heures de classe
à tricoter, à coudre, à éplucher du coton cru, car Oberlin avait, à côté du travail agricole, introduit la filature
à la main pour occuper les veillées d'hiver. On présen-

tait à ces petits êtres des plantes usagères, soit dans un herbier, soit en peinture; ou leur enseignait le nom et les qualités de ces fleurs ou des herbages, qu'ils étaient tenus de reconnaître ensuite pendant leurs promenades. Ai-je besoin d'ajouter que cette botanique élémentaire profitait à la fois au développement intellectuel et moral de ces enfants, qui chantaient en commun les louanges de Dieu, et dont le plus grand bonheur consistait à recevoir, le jour de dimanche, une parole d'encouragement de leur père Oberlin. En même temps les notions régulières de la langue française leur étaient enseignées; car le pays tout entier, avant l'arrivée d'Oberlin, ne parlait qu'un patois informe, peu différent de celui de la Lorraine; or le pasteur, tout en admettant que ces dialectes dégénérés ont quelque valeur aux yeux du philologue, trouvait avec raison que la rudesse des mœurs était étroitement unie à celle du langage, et que l'introduction de la langue écrite adoucirait les aspérités de cette population montagnarde.

L'instruction donnée dans les écoles du Ban-de-la-Roche aux enfants, qui approchaient de l'adolescence, ressemblait à celle de nos écoles primaires; seulement elle était plus pratique; elle donnait moins à l'analyse et aux règles abstraites; elle visait toujours de préférence à préparer ces fils de paysans à la vie du bûcheron, de l'artisan ou du journalier; elle inspirait l'amour passionné de la nature, au sein de laquelle ces élèves pauvres étaient appelés à vivre; elles les appliquait aussi à tracer à la main de petites cartes géographiques; — ébauches imparfaites et raides, si vous voulez — mais suffisantes pour leur faire connaître les pays situés au-delà de l'é-troit horizon de leurs montagnes. C'était agrandir par l'imagination le cercle où ils vivaient, et donner aux ca-ractères inquiets le désir de voir ce monde inconnu, soit comme soldats, soit comme artisans. Oberlin ne crai-gnait point le contact du monde extérieur pour ses élèves, cuirassés contre les tentations par les préceptes d'une morale austère et d'une foi vive. Il a dû arriver sans doute que du nombre de ces pauvres villageoises, jetées seules et jeunes comme servantes dans le tourbillon infecte de nos villes, quelques-unes aient terni leur pureté primi-tive ; mais combien d'entr'elles ont résisté à cette épreuve, et ont retrouvé dans leurs chalets et aux pieds de leurs autels rustiques un asyle, dont aucun remords n'est venu troubler le calme et la sérénité !

Oberlin prêchait le mariage, et, qui plus est, en mo-raliste chrétien, la fécondité du mariage. Au moment d'en-trer en fonctions, il avait trouvé dans les cinq villages de Fouday, Waldersbach, Solbach, Bellefosse et Belmont quatre-vingt à cent familles en détresse ; au commence-ment de ce siècle, ce chiffre avait au moins quintuplé ; trois mille habitants vivaient sur le même espace de terrain ; ils y jouissaient d'une existence très tolérable, tous bénissant leur pasteur, qui avait su arracher leurs parents à un état sauvage, qui avait assouvi leur faim, couvert leur nudité, abrité leur tête, délié leur langue, ouvert leurs yeux, éclairé leur intelligence et régénéré leur âme im-mortelle.

Je n'ai ni le droit ni la volonté de vous parler d'Oberlin au point de vue dogmatique. Je m'adresse à un au-
ditoire mixte; ce n'est point ici le lieu, d'apprécier le
prédicateur ou de critiquer le démonologue, familier dans
le monde des esprits, et décrivant les compartiments du
séjour des damnés, ou les avenues étincelantes de la Jé-
rusalem céleste. Permettez-moi seulement de dire que
dans ses homélies et dans ses sermons c'était toujours le
père qui parlait familièrement à ses enfants, et que même
en chaire l'agriculture faisait souvent l'objet de ses ensei-
gnements. Il existe une corrélation tellement intime entre
la vie des champs et l'adoration du Dieu qui a créé cette
terre si belle et si féconde, que le patriarche du Ban-de-
la-Roche devait de préférence se placer sur ce terrain,
et faire de la propagande agricole au sein même du sanctuaire.

Je n'ai parlé jusqu'ici que des succès, des résultats
obtenus par Oberlin; je pourrais les rehausser, en éta-
lant les mécomptes qu'il éprouva, et les épreuves qu'il
dût traverser pendant toute sa carrière. La vertu la plus
haute ne met point à l'abri des douleurs; Oberlin en
subit de cruelles; mais lutteur indomptable, il se redres-
sait plus fort après en avoir subi l'étreinte.

Pendant la Terreur, Oberlin, protégé par sa popu-
larité, échappa plus longtemps que ses collègues de la
plaine à l'incarcération et aux menaces des proscripteurs;
il put même offrir un asyle à plus d'un proscrit; ce n'est
que peu de temps avant Thermidor qu'il fut emmené,
avec son ami, le pasteur Bœckel de Rothau, dans les

prisons de Séléstat. Pendant sa captivité, sa famille passait chaque jour des heures entières, agenouillée dans sa chambre pour demander à Dieu la délivrance de son chef; ses paroissiens unissaient dans toutes les maisons leurs voix à celles de ses enfants. Aussi sa rentrée dans le vallon fut-elle le signal de la plus touchante démonstration. Il reprit, comme il avait fait pendant toute la terreur, ses conférences religieuses à l'église même, en couvrant d'un mensonge pieux ces réunions chrétiennes.

C'est l'année calamiteuse de 1816 à 1817, qui a, sans aucun doute, éprouvé le plus fortement la foi d'Oberlin. La famine affligea le Ban-de-la-Roche plus durement que le reste de l'Alsace; il faut que la détresse ait été grande, pour que le pasteur de Waldersbach se soit décidé à faire un appel à Strasbourg, à Colmar, et aux autres communes des deux départements, dans un moment, où presque toute la population baissait la tête sous le fléau. L'intérêt qu'inspira cette malheureuse vallée fut tel, que les quêtes produisirent, à Strasbourg surtout, des ressources suffisantes pour atteindre le printemps; Oberlin eut le bonheur inappréciable de pouvoir rappeler à ses paroissiens, sauvés d'une mort imminente, que la foi et la charité opèrent de nos jours encore des miracles.

A la même époque il fut affligé d'un coup personnel; il vit mourir lentement à ses côtés un fils, qui s'était dévoué comme lui à l'enseignement des pauvres d'esprit. Dans cette circonstance terrible, Oberlin resta fidèle aux croyances de sa vie entière; il respecta l'arrêt du ciel; pas une plainte ne sortit de sa bouche, et ses paroissiens, saisis d'un respect mêlé d'effroi, virent ce vieillard presqu'octogénaire, debout sur le bord de la tombe qui engloutissait son plus cher espoir, entonner un hymne à la louange du Très-Haut, dont la main s'était appesanti sur lui.

La providence avait d'ailleurs réservé dans ces cruels moments, je ne dirai point une compensation, mais quelque contrepoids à ses douleurs de père. Il avait à ses côtés depuis 1812, un aide, un ami digne de le comprendre et de le seconder. Un fabricant de Bâle, qui envisageait l'industrie non comme un mécanisme destiné à broyer des rivaux et à accumuler des trésors, mais comme une succursale de l'agriculture, M. Legrand, le type de l'industriel chrétien, avait fondé une fabrique de rubans de soie dans la commune de Fouday ; cet établissement vint à propos remplacer au Ban-de-la-Roche l'industrie cotonnière, qui était écrasée par les machines. Sans l'arrivée de cet homme, irrésistiblement attiré au sein des Vosges par les vertus d'Oberlin, et ambitieux de lui venir en aide, pour consolider son œuvre au milieu d'une population sans cesse croissante, la ruine du Ban-de-la-Roche était peut-être immanquable ; ce fut donc encore le bon génie d'Oberlin qui protégea son œuvre. Legrand donna plus que du travail aux paroissiens du pasteur de Waldersbach ; il leur voua la même affection désintéressée, et il se fit, comme son ami dont il partageait les convictions religieuses, l'instituteur des enfants, le patron des adultes, le soutien des vieillards, et le tuteur prévoyant de tous.

Je suis presque honteux, Messieurs, de vous parler de quelques honneurs mondains, qui échurent sur la fin de sa carrière à Oberlin, qui loin de les chercher, fut naïvement étonné, stupéfait, qu'ils lui fussent tombés en partage. Lui, qui toujours pensait aux autres, ne put longtemps comprendre que des personnages haut placés eussent songé à lui. Il n'avait usé de ses rapports intimes avec M. de Lézay-Marnésia que pour hâter la fin d'un litige séculaire au sujet des droits forestiers, que réclamaient les communes du Ban-de-la-Roche ; ses relations avec des économistes, des pédagogues, des missionnaires en Allemagne, en France, en Angleterre, en Amérique, ne furent aux yeux de ce modeste travailleur dans le champ de Dieu que des bienfaits non mérités, destinés à répandre quelque charme dans sa solitude. Oberlin avait refusé, sans sourciller, des carrières brillantes ; il voulait le bonheur de ses enfants d'adoption, non sa gloire personnelle ; et, comme il arrive souvent, la gloire qu'il méprisait, vint déposer une couronne civique sur sa tête blanchie.

L'illustre François de Neuchâteau révéla en 1818 à la société centrale d'agriculture les métamorphoses du sol, les mystères de bienfaisance qui s'accomplissaient depuis plus d'un demi-siècle au sein des Vosges dans quelques hameaux ignorés. La société crut devoir décerner, avec acclamation, à Jean-Frédéric Oberlin une médaille d'or. Quelques années plus tard, un préfet des Vosges lui envoya la croix d'honneur ; et rarement l'étoile des braves brilla sur une poitrine plus brave.

Lorsqu'âgé de 86 ans, il expira, accablé de labeurs et d'années, lorsque, le 5 Juin 1826, le convoi funèbre s'achemina de Waldersbach à Fouday, où l'on avait creusé la fosse, qui allait recouvrir sa dépouille mortelle, ce fut dans toute la vallée un immense sanglot; ce fut une de ces journées de deuil populaire, qui ne se lèvent que pour les hommes de bien, et dont les émotions pénétrantes sont refusées aux pompes solennelles. Ce ne furent pas ses paroissiens seuls qui lui rendirent les derniers honneurs, j'allais dire les dernières adorations; de bien des lieues à la ronde accoururent des milliers d'habitants de tous les cultes, pour voir à travers le cercueil vitré pour la dernière fois les traits de ce serviteur de l'Évangile, père du pauvre, censeur de l'égoïsme, interprète et consolateur éloquent de toutes les douleurs humaines, initiateur des âmes saisies de repentir, et véritable législateur de cette vallée, qui avait vu ses premiers pas dans la carrière militante, et qui offrait à son corps inanimé un champ d'asyle jusqu'au jour de la résurrection.

Il est difficile, Messieurs, de constater le progrès dans l'histoire; il est encore plus facile de le nier; car il y a dans la vie des peuples de longs temps d'arrêt, et même des pas rétrogrades, qui inspirent le doute et la défaillance. Mais quoiqu'il en soit, et même en adoptant une profession de foi pessimiste, l'on ne saurait nier que les annales des pays et des provinces ne présentent des points lumineux, qui projettent leurs reflets à de longues distances, et qui effacent les impressions sinistres par leur doux rayonnement. La vie et la mort d'Oberlin forment dans l'histoire de notre province un de ces points, sur lesquels les yeux fatigués aiment à se reposer ; et si, au début de ce travail, je vous ai montré sur les confins du val de Bruche trois civilisations diverses, qui ont laissé leurs traces visibles sur ce sol, j'y ai mis quelque préméditation.

Supposez un instant que les ombres des druides gaulois, qui accomplissaient sur les hauteurs boisées du Donon de sanglants sacrifices, eussent pu assister aux funérailles de ce prédicateur chrétien, que l'on ensevelissait aux pieds de leur sombre montagne ; supposez qu'à la suite de ces keltes les mânes des soldats romains, qui luttaient contre les géants de la Germanie sur les bords du torrent de la Bruche, eussent été conviés à cette même cérémonie ; et que les spectres des brigands féodaux, qui siégeaient impunément pendant le moyen âge dans le château de la Roche, fussent venus se joindre à tous ces représentants des siècles passés — quelles auraient été les pensées de ces âmes, invisibles et frémissantes, meurtries par le souvenir des temps d'exécrable cruauté, au milieu desquels avait été jetée leur existence terrestre ? Auraient-elles compris ces hommages rendus par une immense population à un ministre de paix, qui avait toujours donné au lieu de prendre, et qui n'avait jamais usé d'un autre glaive que de celui de la parole, pour rappeler aux heureux et aux riches leurs devoirs envers les faibles et les nécessiteux ?

Et maintenant pour sortir au plus vite de ce jeu d'imagination payen, que vous pourriez presque me reprocher au milieu de ce sujet austère, — veuillez tirer vous-même la conclusion de mon parallèle. La génération qui rend des honneurs religieux à la mansuétude, à la bienfaisance, à la pureté évangélique, vaut-elle plus ou moins, est-elle plus ou moins avancée que ces troupeaux d'hommes, que dis-je, de serfs ou d'esclaves, qui livraient leurs enfants aux égorgeurs sacrés, leurs femmes et leurs filles aux vautours des donjons? Le druide ou l'haruspice qui enfermaient leur science dans le sanctuaire, le chevalier qui la méprisait, sont-ils les types d'une civilisation plus douce que celle, au sein de laquelle Oberlin décupla les produits de la terre à l'aide de la science vulgarisée, et put dire aux enfants : Venez à moi, je vais vous enseigner à louer votre père qui est aux cieux et qui vous donne votre pain quotidien?

STRASBOURG, DE L'IMPRIMERIE DE F. C. HEITZ.